Poemas encarcelados

Poemas encarcelados

Remedios Nieto Lorca (lorni)

Círculo Rojo
EDITORIAL

Primera edición: enero 2026

Depósito legal: SE 3732-2025

ISBN: 979-13-7035-856-3

Impresión y encuadernación: Editorial Círculo Rojo

Editorial Círculo Rojo

www.editorialcirculorojo.com

info@editorialcirculorojo.com

Impreso en España — Printed in Spain

A mi hijo Alejandro, porque después,
mucho después del principio que confirma
saberme entre sucesos que asombran,
de fundirme en el espacio adocenado
del tiempo y sus conceptos,
me sobrepasa hoy el vuelo de esta lluvia
compasiva cayendo vertical y minuciosa
en perífrasis de agua y de versos.

I
Estación cautiva

I

Hoy no quiero escribir
atada de manos,
ni suspendidos los pies
sobre la huella dejada:

antes que áspera, lisa
y blanca fue —*ficus
caricia*— la higuera.

Memoria y viento.
Oculta en su falla
encuentro la curvatura;
el cóncavo olear
de la palabra.

II

Que por querer
hoy quiero dejar
a un lado
la palabra espesa.

Hoy quiero, entre
el dolor, dejar
la memoria,
entre los caminos
la huella,
entre silencio,
la paz pendular
de la certeza.

III

En el ojo del tiempo
habita el verbo.
El silencio
en los campos quemados.
La semilla
en el surco herido.
En el cierzo
los vientos sombríos.

Insomnes me pasan
las llamas
de lo recordado. Reavivan
las noches
con su pira encendida.

También en el verbo
el silencio habita.
Su rumor
en el húmedo cuerpo
del río.

IV

Cuando abra los ojos
al aire,
sabré que fue el alba
quien besó y fecundó
mi vientre
          y de nuevo
nació la palabra.

V

Repentino este silencio
que amenaza soledad
de gris hechura:

la tarde
es membrana
de viento vespertino
y sosiego
infinito inanimado.

VI

Detrás de la voz
necesito el silencio.
Un silencio
verde oscuro. Profundo
silencio de mar
y selva. Poderoso lar
que tan adentro anida.

VII

Miro fijamente hacia la nada
que hay al fondo
donde mueren lentamente
las caricias segadas del otoño.

Miro fijamente:
imagino la oscuridad. Infinita
luz en negro.

Undosa es la voz
de la memoria. Espacio
de nada
en la altura y su centro.
Miro fijamente.

Silencio.

VIII

Mientras la tierra arde,
un refractario olor a humo
doméstico
se dispersa lar adentro
guarecido por un muro
de bruma impenetrable.

Bajo el verdín del alfeizar
observo la rémora
del tiempo y su carcoma.
Contemplo el comienzo
de un alba
bajo el umbral de ausencia
y piedra.

¡Ah, impalpable
quietud, música de halcón
hecha materia!

Tal vez sea este rincón
el lugar
donde deba depositar
lo aún no hallado.

IX

Miro el día en su niñez
primera
y respiro el mar:
con voz azul de sirena
me seduce y reclama.

X

Celosía de luz
y atardecer.

Nada trasciende
a los ojos,
salvo el tiempo
que gotea
horadando el fanal,
y con su fusta
indolente
me sacude y tiñe
la sien.

Nada trasciende:

el tiempo —garabato
de silencio fugaz—
pasa y no espera.
Deshabita la luz.
Rompe el sueño.
Agrieta la piel.

XI

Por la galería de los sueños
oigo el deambular
de las sombras y de lo inerte:

encadenada
se halla una sospecha.

Vulnerable es la memoria.
Oscura y tenebrosa
cuando la noche y su temblor
se ciernen.

XII

Como efigie entre dos luces
aparecíó la pena
de no volver a navegar, viento
a favor, otros mares.

Inerte permanece la voluntad
ahora:
                a contratiempo
rolan los alisios siempre.

XIII

Decía de la plenitud
de los colores; de su certero
o dudoso significado;
de su asociación sinestésica.

Decía de la lluvia
como preludio inaugural
del río
que será origen de vida
en su dilatado viaje.

Decía de mí, de la negación
como pauta de vacío áspero
y sonoro
bajo estas húmedas sábanas
de noche y robledal.

XIV

Hasta aquí llega el empuje,
el empellón de las aguas
sobre el ánima y su amarre;
el misterio zigzagueante
de la niebla
sobre el talud; la quimérica
ensoñación de la marea
que solicita una piel
que acariciar —lucero
del alba tachonando de luz
las verdicelestes mañanas
en Peizás.

XV

La locura es un delincuente
de corazón quebradizo y huida
larga; un vértigo de miedo;
un oráculo de verdades
encarceladas. Arrabal caótico
de palabras,
sin límites ni códigos.

La locura bebe de su propio
veneno. Enciende las ascuas
del susurro y el grito. Acaricia
la luna
con sus manos de tinieblas
desterradas,
sobre el bisel imaginario
de la luz y los espejos.

XVI

De nadie la posesión.
Ausencia de todo.
Obstinación de nada.
Nadie al otro lado.
Sólo estamos solos.

He aquí la página vacía
del poema y la memoria,
génesis del versículo
y sus contornos.

XVII

Bajo los aleros que acogen
los instantes
y los envuelven en deseos
de fuego,
     me preservo.

Camino entre sombras
sin tierra. Cuerpo entre dos
mares
que no saben de dónde
vengo
ni por qué me esperan.

Acaso sea que mi culpa y yo
seamos un todo irremediable;
un no sé por qué, todavía
ni se hablen ni se entiendan.

XVIII

La cigarra replegó sus alas,
y en Llas dejó su canto
bajo la higuera.
Sobre su piel tambor
percutió su son y jadeó
en silencio.

Más tarde, bostezó el otoño
creyéndose primavera:

tras el invierno,
        el sueño niño,
por aquel canto verde,
quedó a la espera.

XIX

La piedra es remota
aurora
que comenzó a gestarse
en círculo de luz
y oscuridad sonora.
Después apareció el viento
que agitó mares y cipreses,
y trazó vuelos de pájaros
y vientos
sobre la dermis del cielo
con pinceles angulares.

Es remota aurora
la piedra. Refugio
ante el frío y la tempestad.
Espacio de acogimiento,
tal un seno materno
donde reclinarse
y eternamente descansar.

XX

A lomos de las olas
cabalga el cielo.
Sobre la barca
la luz dormita; reflexiona
una frase laminada.
El aire separa la humedad
de la brisa
y coloca los acentos
sobre cada una
de las sílabas de sal
y exoesqueletos
que hasta el acantilado
ruedan.

La arena se iza
en fugaz tolvanera. Inmóvil,
crea un espacio que es
espacio todo sin frontera;
un texto de agua cristalina,
todavía por escribir.

II
Cantil de los días

I

¿Cuánto tiempo hace
que no me acompaña
la voz de la extrañeza,
su fugacidad
como justa expresión
de lo que es extraño?

Visto cómo se desarrollan
los acontecimientos, procuro
mantenerme en el esfuerzo
de comprender
lo incomprensible.
Sin embargo, la realidad
persiste y pulsa la nota
de lo irreflexivo, volviéndolo
todo extrañamente
inconcebible.

II

A veces, desde mi cansancio,
me asomo al cantil de los días
y espero
a que alguna palabra sin ira
me aliente. Otras, cierro
los ojos, me inclino levemente
al rompiente de las horas,
y un viento de hastío
apresurado
me despeña y me hace caer
en vuelo curvo
hacia un caos de apariencia
irreal. Un caos donde
la oscuridad se engendra
por momentos, y es pupila
diminuta que todo lo ve,
pero nada mira.

III

Que por no entender el código
genético de la supervivencia
ni la cartografía de cada una
de las heridas
que surca la piel de un poema,
aguardo,
como un equilibrista
sobre la cuerda floja,
a que nada
me precipite.

Que este mar de sal e hidrogel
por el que mis manos surfean
y a mis ojos humedecen,
no me haga caer y sentir
la impiedad de su abismo.

IV

«Después de Auschwitz,
no es posible hacer poesía.»
(Günter Grass)

Tal vez sea cierto. Tal vez,
después de Auschwitz,
no sea posible hacer poesía
y haya de desandar, verso
a verso,
el camino que me desmira.

Se diría
que el tiempo quedó
suspenso en la historia
con un silencio íntimo
que nadie viera,
sino en los ojos del otro;
que nadie sintiera,
sino en la carne marcada
del otro,
y como quemadura
perviviera en la memoria.

Todo cuanto fue —extraña
hora— brotó como tronco
de baladre sin injertar;
como Aurums de titán
floreciendo a impulsos
lentos
de lobos y de cadáveres.

V

Seguro que
mientras tomamos
refrescos
de cola o de naranja
y hablamos
satisfaciéndonos el ego,
alguien está muriendo
ahora.

Estúpida insistencia
la del momento
y su negación: opción
de aceptar o no
la realidad. Opción
de querer morir
o no.

VI

Desconozco la forma
más óptima y precisa
de medir la distancia
que hay entre el letargo
enfermizo de quien
ostenta el poder
y la paciente serenidad
de quien poco o nada
ostenta.

Posiblemente se haya
perdido la perspectiva.
Tal vez,
a la hora de observar
injusticias y miserias,
se prefiera, con ínclita
miopía,
mirar hacia otro lado.

VII

Como hoja de acero
que roza un vidrio,
el iris escruta con rigor
la imagen de lo extraído.

Alma de pájaro
sobre el sarmiento
y la higuera,
y sobre fondo oscuro
la voz.

En dos tiempos la vida
era:
entre el pez y la gaviota,
un instante de aire
y giro de timón.

VIII

Podría ocurrir
que deseara volver
a los huecos salinos
de la noche;
a los ojos
de lentísimas miradas.

Podría ocurrir:
exploro
de lejos la conciencia.
Con recelo la observo
—ojos ocelos— desde
el ángulo más interior
y esquivo.

IX

Con mi yo converso
a media voz; con el horadar
del tiempo
en el aire y su reverso,
que como hiedra
trepa
agrietando cerraduras
y muros; carcoma,
que no es otra cosa
que un desvivir purulento.

Abierto queda así el túnel
del temor
cuando duelen los nombres
que sangran por dentro.

X

Pura inercia la del pájaro
y su empírica intuición:

en la respiración se hallan
la voz y el silencio.
En los pasos,
el temor de lo inesperado.
En los ojos,
el naufragio de los sueños.
En las manos,
la inquietud de lo incierto.

No sé. Igual soy yo. Igual
debiera no ponerme
las gafas de ver tan turbio.

XI

A veces creo
comprender la realidad
de lo que acontece.

Leo su extensión, medito
su cercana lejanía,
y las palabras, entonces,
adquieren ante mí
una naturaleza
de conceptos ahogados.

¡Qué palpitar más confuso
el que nos espera! ¡Qué
irracional y sin distancia
el mañana del futuro
que ya es hoy!

XII

¿Quién dará fe
de este ahora, solar
de último acogimiento,
de costumbre errante,
empapado de siglos
y leyendas turbias?

¿Adónde dirigirá
sus pasos esta luz
ceniza
envolviéndonos la sien
como un arco de luna
que se deshila?

Inútil esta ansia
de paz y de concordia:

seremos la estirpe
que sólo supo
sembrar semillas de ego
y de odio; larvas, al fin,
recolectando
incertidumbre y cal
con ácido sabor a muerte.

XIII

En ocasiones pienso
desde este umbral de piedra
que se alza entre la razón
y el desvarío del hombre;
entre el clamor de la multitud
que vegeta desesperanzada
y la tristeza de tantos rostros
olvidados.

A veces pienso. Pero pensar
me obliga a quitar la piel
más dura del pensamiento.

Nada hay de inocente
en la desposesión, como
tampoco, en quien provoca
el desgarro
de la desesperanza.

Es como una despedida
con pañuelo en la mano;
como decir la tristeza
con aquellas palabras
que nunca nos atrevemos
a pronunciar.

XIV

No debiera proclamarse
el dolor, sino combatir
el lamento y la ceniza
que ello engendra.
No debiera descender
el corazón
por las mismas galerías,
que peldaño a peldaño
y con solemnidad,
la noche desciende.

No se debiera amagar
a brazo armado
y con destinos engañosos
al humilde ganapán. Él
ya carga
sobre sus espaldas
su resurrección de cada
día. A ciegas camina
con espera ciega, entre dos
ciegas estancias
no reconocidas: la soledad
de sus propios latidos
ciegos,
y el ciego miedo a concluir
en la más absoluta ceguera.

XV

Un hombre solo.
Más allá del ruido, su voz
también sola.
Como su yo y su sombra.
Como su ayer. Como
su hoy y su mañana.

Un hombre solo. Como él,
como tú…,
            como yo.
Más allá del ruido, de mí
y mi propia voz, también
sola.
Como mi yo y mi propia
sombra,
            solos también.

XVI

Ahora, cuando los perros
con correajes cruzan las calles
y los niños con bozal van
de la mano; cuando los días
con las noches se confunden
y el silencio es más frío
en el asfalto;
cuando los círculos humanos
se vuelven más pequeños
y hasta el tuétano de cal
nos invade y nos hiende
el desánimo; cuando, en cada
esquina
el desencanto nos acecha
y el aire se lamenta
sobre muros desconchados…

Ahora, que tan vacías
suenan las voces
despojando de contenido
discursos y vidrieras,
tan hostiles y vacías
como páramos solitarios…,
dime, háblame de tu paz
o tu agonía. Comparte

tus miedos y fúndelos
con los míos. Entrelaza
tu gloria, si es que la hay,
y ama, si es que todavía
no has amado.

XVII

Cara a cara me gustaría
toparme alguna vez
con la verdad; regatearle
algunos céntimos de estupor
y de decencia
y entregárselos a alguien
para que los desenmascare.

Me gustaría preguntarle,
sin laberintos lingüísticos
ni madejas ambulatorias,
por qué su presencia
ha de pagarse con moneda
de sangre amarga y carne
rota sin macerar. Por qué,
ante su látigo huidizo,
el hombre se marchita
y conduele,
        y suicidas,
enloquecen las palabras.

Me gustaría: vengo
de un exilio de tiempo
y de fortuna,
y mi andar fue una ruta
sin brújula veraz
y pedregosos arenales.

Vengo
de una suerte de mentira
disfrazada, mezcla
de incienso, sándalo y cal.

XVIII

Al borde de la desdicha
nos reagrupamos; al hueco
de lo impreciso. Como aves
o nubes migratorias,
en ritual de círculo y sin fuego.

Porque en círculo parece
moverse todo: vanidad,
egoísmo, envidia, traición,
homofobia, prepotencia,
xenofobia, misoginia,
intolerancia...

En órbita, bajo lodo,
se mueve.

Cada día es un reducto
de impostura, un habitáculo
circular sin muros,
un laberinto sin puerta
de salida.

Y sórdidos los instantes, uno
a uno se encadenan. Son
un todo corrosivo y desolado.

Disfrazados de inocencia,
con las propias impurezas
nos purificamos.

El tiempo todo —ingrávido
tragaluz de sueños—
se nos diluye en las manos.
Para el canto más glorioso,
posiblemente sea tarde.
La ansiedad y la mentira
nos acudirán en nocturno
oleaje: no nos traerán
a la memoria
más que un cansancio
imborrable; el esbozo
de una lámpara lejana
a punto ya de apagarse.

XIX

Qué tersa, exultante y empoderada
resultas, mi querida libertad.
Cuán sutil tu grandeza y potestad,
al sentirte por siempre idolatrada.

Proclamado instrumento, codiciada
por el verbo lacrado; ambigüedad
de aquel que nunca ofrece su lealtad
si no es por esa voz amordazada.

Plomo y cristal, sin embargo, crepitas
y rehúsas posarte en la voz del pobre
que, incauto, lastra su fe y su esperanza.

Tersa, exultante, así te precipitas
con piedad sanguinolenta, ira y cobre,
en boca de quien traza una venganza.

XX

Siente el camino la abulia
del viandante, su paso
cansino y pétreo, su mirada
lejana,
casi curvilínea, y sus manos
temblorosamente lentas.

Observa sus gestos casi
androides,
sus pulmones saturados
de sal y carbohidratos,
su vacío
repentinamente abierto
en canal.

Fenece a cada golpe seco
de sombra
que brota de la aulaga
y la espiga, a cada
arrítmico canto de mirlo
o alondra,
a cada muerte en vida
de niño violado, a cada
susurro o grito humano
con aullido felino
o largo y profundo llanto
de gong.

XXI

Tantas pequeñas muertes
hacen del atardecer
una tristeza entre púrpura
y carmín.

De metal será el amor
que acentúe el color
del horizonte. De derrota,
las mudas notas
de un viejo y triste saxofón.

III
Alquimia de espera

I

Espera.
Sigue posando tus dos manos
donde el aire ondulado cae
y besa una paloma herida:

necesito ver cómo me ausento
de este dolor de alma.

Espera.
Sigue posando tus dos manos
donde el sol laminado fulge
y resbala una lágrima huida:

necesito saber cómo medita
la luz sobre la escarcha.

II

Camino a través del tiempo,
luz y sombra
de un atardecer sombrío.

Arriba
caminos que serpean
en actitud descendente,
y en la tierra
hojas de otoño
que descansan para siempre
bajo el tibio sol de la tarde.

Es hora ya del reposo,
del paréntesis que separa
la luz de su distancia.
Es hora de que aparezca
de una vez para siempre,
ese rayo de luna de noche
transparente.
Es hora ya del descanso,
de la dulce paz
del silencio, de la gris
ceniza, del viento,
de la brisa.
Es hora ya de la nada.

III

A ras del mediodía
avanzan los pasos;
trémulos
giran como pájaros
en rama.

Bostezo de tarde
anaranjada.
Preludio de noche
y de sosiego.
Húmeda espera
de mar
sobre la arena.

Briznas de tiempo
del vacío penden;
arrasan páramos
el todo y su alba.

IV

Profusamente caen las hojas
de la paz y su templanza.
Salobre el viento, con silbo
de piedra
las eleva,
silencia
y entreteje.

Mientras tanto, un rostro
contempla la danza del agua
y de la muerte.

Carne gastada es la huella
del hombre
que al trasluz se yergue y es
voz de brea,
cáñamo
y sarga:

dejarse ir es tanto
como callar la libertad
o nadar contra corriente
—último latido en negro.

V

Insomnes
las horas contemplan
la quietud de este halo
que mana azul y glauco
sobre los médanos
del tiempo.

Un alma búho
se abre paso
en las pupilas. Arrulla
el sendero oído. Otea
en la noche y su manto.

A mi gozo nutre
y sustenta
el ulular de su canto.

VI

En cada huella de nube
descubro una claridad.
Luz pendular
que va,
regresa
y tiembla.

En cada huella de mar
hallo una insistencia.
Undosa lágrima de sal
que va,
vuelve
y se engendra.

Impalpables, nostalgia
y soledad. Argonautas
en pleamar sin timón
ni rumbo o viento a favor
que al velamen asciendan.

VII

De todo despojada,
suspendida quedo
tan sólo de los recuerdos:

de antaño unos, otros
del mismo ahora,
en una tibia madreselva
aún envueltos.

Se confunden los deseos
ante el espejo;
se dispersan y destruyen
por la cáustica piel
de los adentros.

De todo despojada.

Suspendida quedo.

Oscura estancia
es el umbral del miedo.

VIII

Largo es el silencio.
Desnudo y transparente
bajo la luz trémula
que acaricia la noche
recién brotada.

Largo es el tiempo.
Largo
el río que al mar plisado
fluye
y en su ínclita largura
muere largo.

Larga es la ausencia.

¡Cuán larga la soledad
de alisada y larga arista
y de silencio frío y largo!

IX

Luego de este silencio,
las rocas vencen
al oleaje. Rompen
su diamante espuma,
que miro insaciable
junto a ti, soledad tan mía
y que tanto me debilitas.

En desacuerdo el alma,
la brisa se somete a la piel
de su grandeza. Agita
los trazos de luz en fuga
con lábiles pinceles
de atardecer y aguamarina.

Lirios de arena —sentido
mudo de flor acontecida—
en su propio tallo
se deshojan y lenizan.

Luego de este silencio,
las rocas vencen
al oleaje. Rompen
su diamante espuma,
que miro insaciable
junto a ti, soledad tan mía
y que tanto me debilitas.

X

Mi gozo, prisionero
entre las horas
cambiantes,
se adormece
con un rumor de arpa.

¡Ah, invisible reflejo
de escarcha!, sobre
el lento nocturno
de las horas —plumas
de agua—, las caricias
pasan leves
como alas de ángeles.

XI

Quedé para siempre
detrás de la ventana
mirando el vacío.
Esperando. Cogiendo
la brisa esparcida.
Ovillando en el aire
palabras. Sellando
mis labios
con silencios de piedra.

Ya ves: ni luz ni sol.
Como un párpado
sonámbulo o una
velada luna. Como
un grito sobre el agua
o un silencio derramado.

Quedé para siempre
detrás de la ventana
mirando el vacío.
Esperando. Cogiendo
la brisa esparcida.
Ovillando en el aire
palabras. Sellando
mis labios
con silencios de piedra.

Quedé para siempre
detrás de la ventana
mirando el vacío.
Esperando.

XII

Tal es la realidad, el sino
engendrado,
la hora no palpable
de los hombres yacentes,
que olvido pintar la nube
entre el sol y los presagios.

Y abrazo la noche —tablón
de náufrago— y deposito
—corazón llorado
en la penumbra—
una metáfora de carne
en mis manos.

XIII

Si hasta ti llegara esta
ausencia, este paso gris
de sueño
en las alas celestes del aire,
recuerda la luz que doraba
los tejados, fugaz y clara
como la gloria cierta
de un deseo.

Este brotar continuo de lluvia
olvidada, de aleteos
de palomas —claridad
desvanecida— rompe
el consuelo de mi voz
y el hondo vacío se abate.

Escucha el hechizo
de esta agua adormilada
cuando los instantes
se detengan,
cuando el alma en azul
se temple
y deja que la paz resbale.

Oye esa explosión de luz
cegadora que se manifiesta
y se desgrana, y ven a mí
cubriendo con tu abrazo
prolongado
lo que de niñez aún
me queda.
Cruza las brasas dormidas
de este anchuroso otoño,
antes de que el tiempo
se deshaga
y nunca podamos pisarlas.

Si hasta ti llegara esta
ausencia, este paso gris
de sueño
en las alas celestes del aire,
recuerda la luz que doraba
los tejados, fugaz y clara
como la gloria cierta
de un deseo.

XIV

Háblame esta noche.
Aguardaré, si quieres,
a las horas quietas,
al umbral alzado
del sueño en la alborada.

Háblame esta noche.
Aguardaré, si quieres,
al perfume insomne
de la flor de jara.

Háblame con voz velada;
con ese matiz de aire
susurrado que esculpe
el eco
y que sólo el silencio
escucha.

Dejaré, si quieres,
un doloroso rumor
en el azul total
de la espera, o la nítida
blancura que surca
la marea de un pálpito,
o un perfil en brumas
de tristezas…

O si quieres,
un horizonte de simas,
donde el ocaso sea
un cielo opalescente
que nos desborde
y después decline.
Pero háblame. Di
al menos,
que todo es un sueño
de dos
y que mi pulso sólo
se mide con tu mano.

XV

Deja que el silencio
nos envuelva. Que se rompan
los sonidos, cuando el sol baje
a nuestro encuentro, y el paisaje,
en este espacio,
guarde un susurro dulcísimo
y blanco de palomas. Deja
que se acerque con sus manos
poderosas
entrelazando hojas o hierbas
tantas,
bajo este cielo breve de luz;
breve e incierto dosel
de sombras.

Deja que esta soledad, alerta,
vuelta siempre hacia lo pasado,
se pose en el eco de mi voz,
y sin luz alguna, escape hacia
la cima de la tarde.

Deja que el alma,
aun en desacuerdo, camine
por la sombra errante
y sus espacios vivos.

Que el silencio —el de estas
rosas que entre las manos
me nacen— escuche
la hondura de tu voz,
latente, como un temblor
o un canto.

XVI

Si ves que mi sombra
se alarga y la luz
permanece en su halo,
no intentes adivinar
mi tristeza: es posible
que en esta anoche,
nada se comprenda.

Mira
hacia las más oscuras
nubes, e imagina la luz
deshaciéndose
en el agua.

Si ves que mi sombra
se alarga y la luz
permanece en su halo,
no intentes adivinar
mi tristeza:
más larga
que la más larga vida,
mi tristeza alcanza.

XVII

Después de mucho tiempo,
el azar, en su omisión
o en su vacío,
pude comprender que existía.

Palabras. Sólo palabras.
Superfluas, efímeras.
Voces vencidas, distraídas
en la longitud del tiempo.

Palabras. Sólo palabras.

Después de todo, sólo
palabras.

XVIII

Fue, al principio,
amanecer y aurora.
Después, dulzura
desleída
en el cálido azul
de la azul presencia,
y un devenir
de sombras
en el descenso afilado,
difuminado, casi,
del horizonte.

A la nada me devuelvo
entonces,
y escucho el silencio
de esta mi voz inaudible.

Más tarde,
vi escapárseme la luz
de las pupilas.

XIX

Para el vuelo
del pájaro
la paz no basta.
Para el limo
sosegado,
la paz no basta.
Para ti y para mí,
la paz no basta.

¡La paz no basta!

XX

Porque tú no vienes de ti,
sino del gramo último
de tu esencia,
de la honda mudez
habitada —germen
primero
en condición y yoidad—,
ignoro si es que volviste
o fue
que nunca te perdí.

XXI

Encadenados a un instante
pertenecen estas fábulas
que huir pretenden del penal
de la memoria.

Mío es el tiempo
y esta brisa de mar
que proclama una ventana
abierta
de claridad añil y celosía
blanda.

Mía es la sustancia
que genera esta génesis
de hambre
sobre la palabra del mundo
y su sentido.

Viajero soy de la libertad
y la concordia; cobertizo
en tierra de nadie; secreto
disfrazado de verdades
y mercader de sueños.

He ahí
el placer de la sintaxis
en la caótica caligrafía
de mi necedad.
He ahí
la palabra aún no dicha
desde esta esquirla
turquesa de mar, playa
de Llas, íntima y sosegada.

XXII

Como adorable animal
guardaré la noche.
Recelaré de cuanto pacte
conmigo y con el otro.

No hay claves para seguir
los errores o las certezas,
ni broces
que tañan al anochecer.

Es así
el abecedario de las cosas
que concluyen en la piel
de lo oscuro.

Comparto la noche
en su brotar de tiempo
inextinguible. Recorro
su ansiedad
en la abreviatura
que supone un instante.

XXIII

Y sonó la palabra
ebria de abulia
e inconstancia. Resonó
libre y febril; tensa
en su última sílaba.

Aquí está, prisionera;
hendiendo sintagmas,
sustantivos
              y mañanas.

XXIV

Contiguo al estupor
la ausencia de estímulos
duerme. Sugiere
una persistencia de sueño.
Atestigua un alma
que sólo sobrevive y pena.

Se negocia
la insistencia tutelar
de una urgencia.
Se confina una noche
larga de heroísmos
desechables.
                    Sin embargo,
no se negocia la muerte.
La muerte
        no es negociable.

XXV

Avanzar quisiera
en los misterios
de un poema encarcelado.

Repentino atardecer
de mirada adentro.

Movimiento en danza
de la inmovilidad. Negro
celaje de lo deseado.

Unidad y vértigo,
la claridad de afuera.
Espacio remoto y frágil,
la luz de adentro.

Avanzar quisiera
en los misterios
de un poema encarcelado.

El pensamiento calla.
Silencio.

Índice: